Irene Müller
Tanz und Theater auf verschiedene Weise

Irene Müller

Tanz
und
Theater
auf
verschiedene
Weise

Haag + Herchen

Die Deutsche Bibliothek – CIP-Einheitsaufnahme

Müller, Irene:
Tanz und Theater auf verschiedene Weise / Irene Müller. –
Frankfurt am Main : Haag und Herchen, 1999
  ISBN 3-86137-793-4

ISBN 3-86137-793-4
© 1999 by HAAG + HERCHEN Verlag GmbH,
Fichardstraße 30, 60322 Frankfurt am Main
Alle Rechte vorbehalten
Produktion: Herchen KG, Frankfurt am Main
Gesamtherstellung: W. Niederland, Königstein
Printed in Germany

Verlagsnummer 2793

Inhalt

Vorbemerkung

Skizzen und andere Zeichnungen

Radierungen

Ölbilder

Theaterplakate und Bühnenbilder

Plastiken

Tanzfotos

Fotomontagen

Vorbemerkung

Tanz oder Theater ist fast jede bewußt gestaltete Bewegung, die keinen weiteren Sinn hat, als etwas mitzuteilen oder vorzutäuschen, nicht so konkret und eindeutig, aber vielfältig und differenziert, von vorsichtig angedeutet bis übertrieben oder verzerrt und nicht unbedingt selbst verstanden. Außerdem kann man dabei ein Gefühl von Leichtigkeit empfinden und vielleicht auch vermitteln, das leider nicht bis zum Fliegen reicht.

Daneben gibt es noch dramatisierte persönliche Gefühlsäußerungen, die durchaus beeindruckend und wirkungsvoll sein können und teilweise auch als Theater bezeichnet werden. Vielleicht sind sie, wenn sie bewußt eingesetzt werden, auch ein ganz bißchen Kunst.

Größere Kunst ist es wohl, das auszudrücken, was andere mitteilen wollen, sich in sie und ihre Produkte wie Texte oder Melodien hineinzudenken und das so Erlebte für die Allgemeinheit zu gestalten.

Es können auch andere Tätigkeiten, wie vor allem Gespräche, aber auch Herstellung und Transport verschiedener Dinge mit Tanz kombiniert oder tänzerisch dekoriert werden, und wohl auch Gedankengänge und Stimmungen, Gesellschaften und Hintergründe.

Es spielen auch die Kleider eine wichtige Rolle, sie beeinflussen nicht nur das Aussehen, sondern auch das sich

Empfinden und das Verhalten der in ihnen lebenden und erscheinenden Personen. Und sie können mittanzen in ganz leichten, schwebenden Bewegungen und immer wieder neuen Formen.

Skizzen
und andere Zeichnungen

Anfangs möchte das Publikum auch teilweise
erst mal selbst gesehen werden,

bevor es ganz zu Zuschauern wird.

Bühnenbildentwürfe

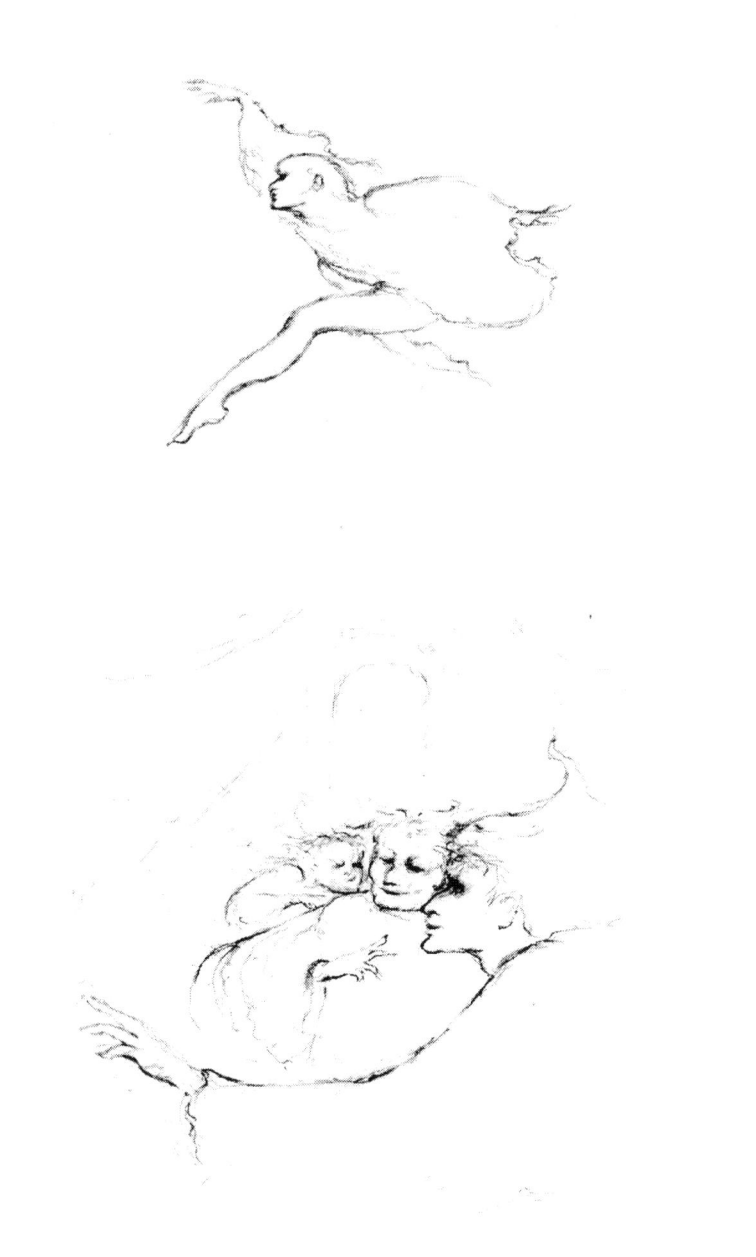

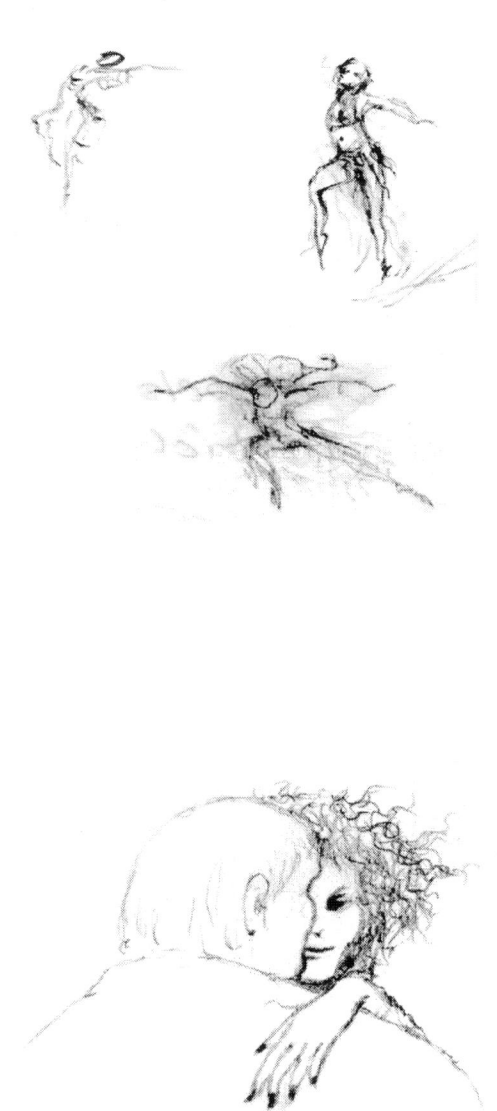

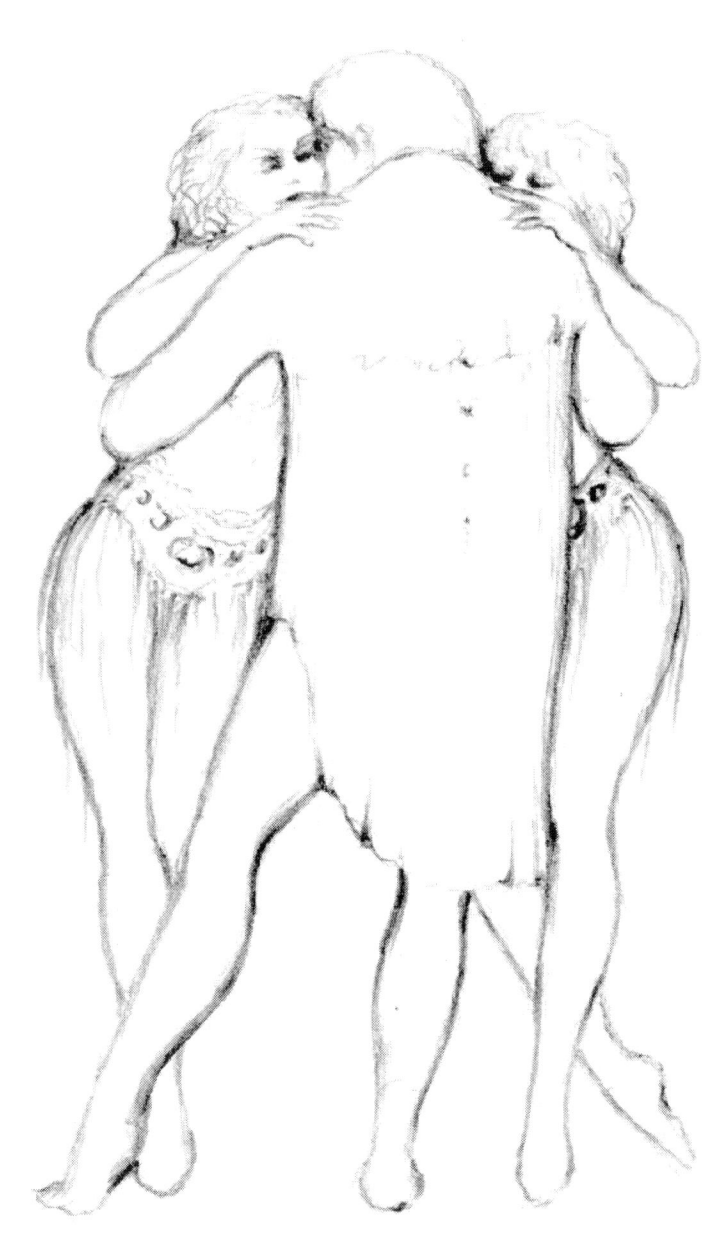

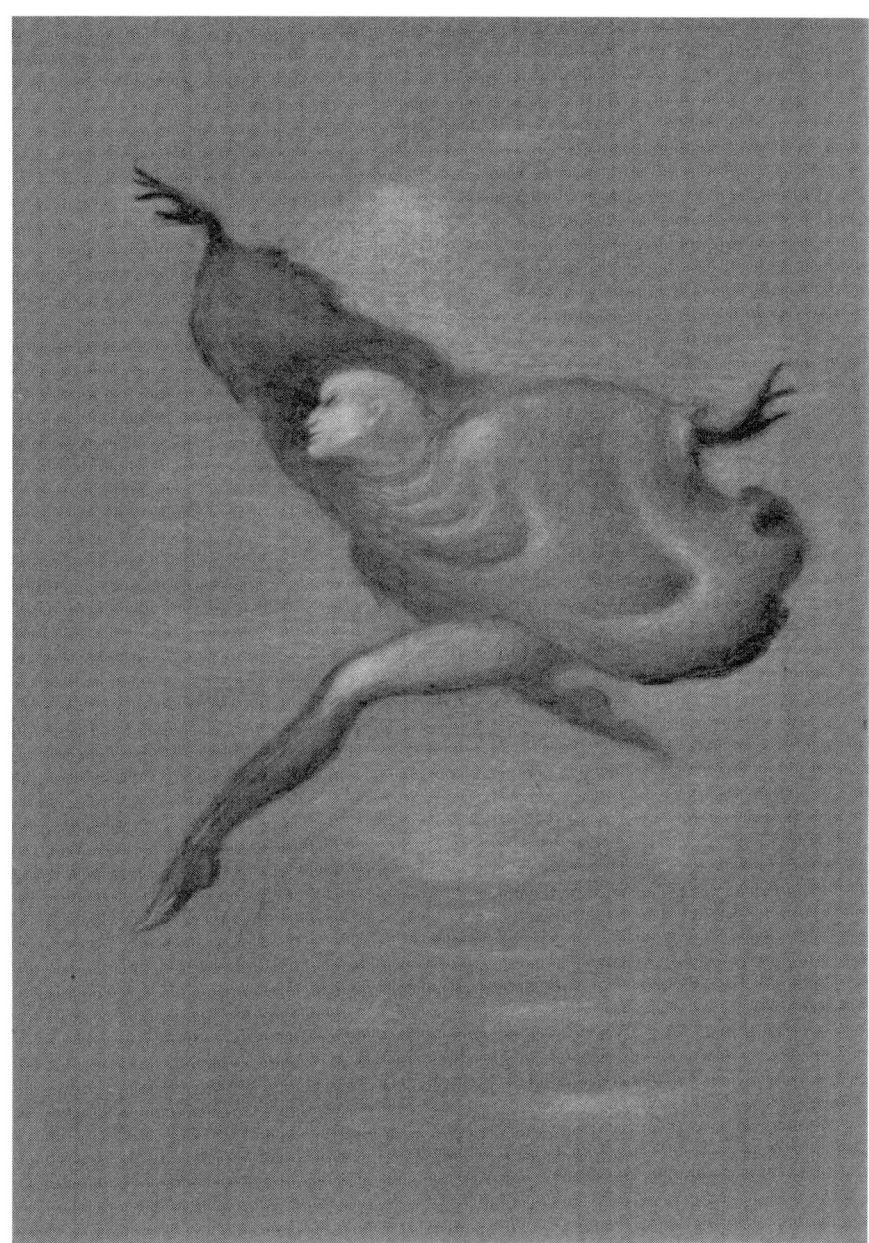

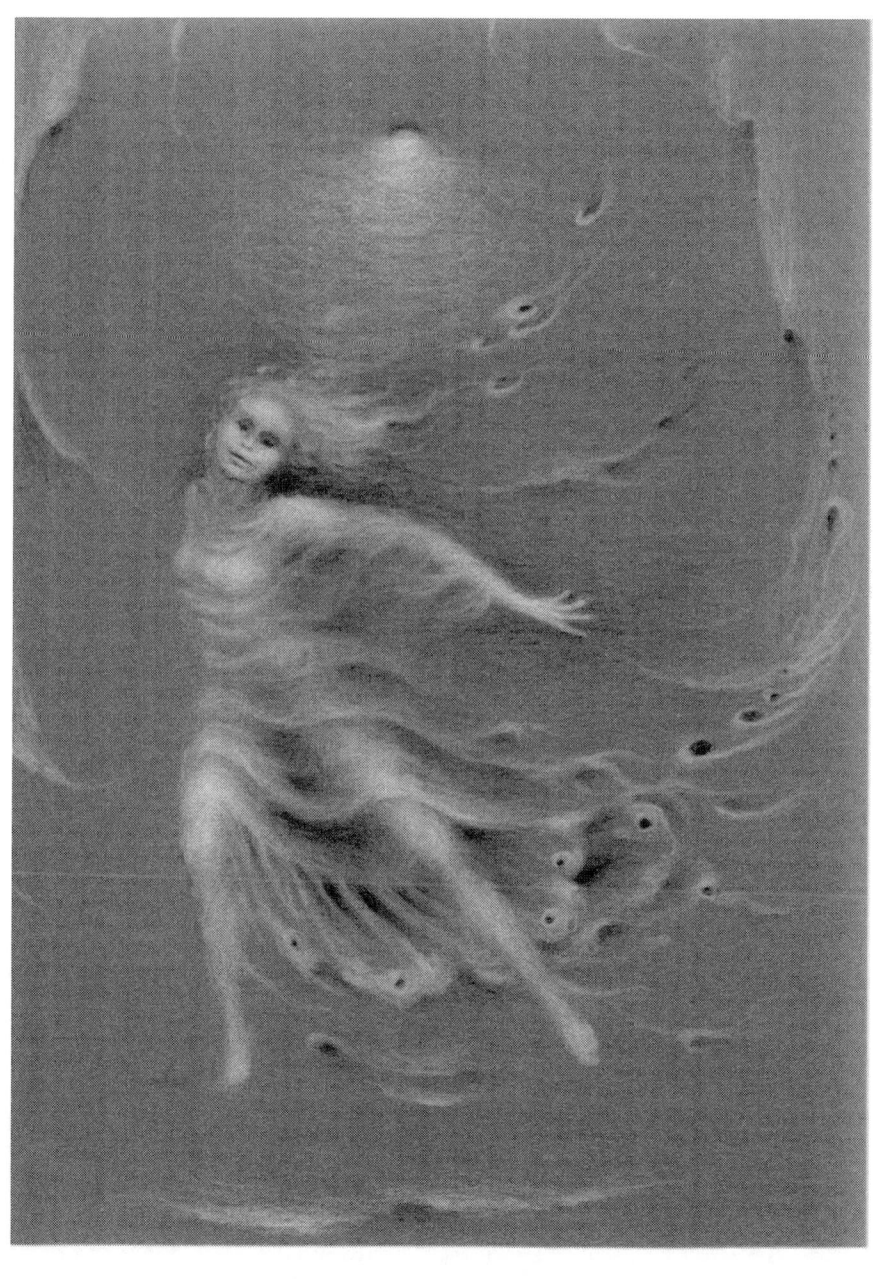

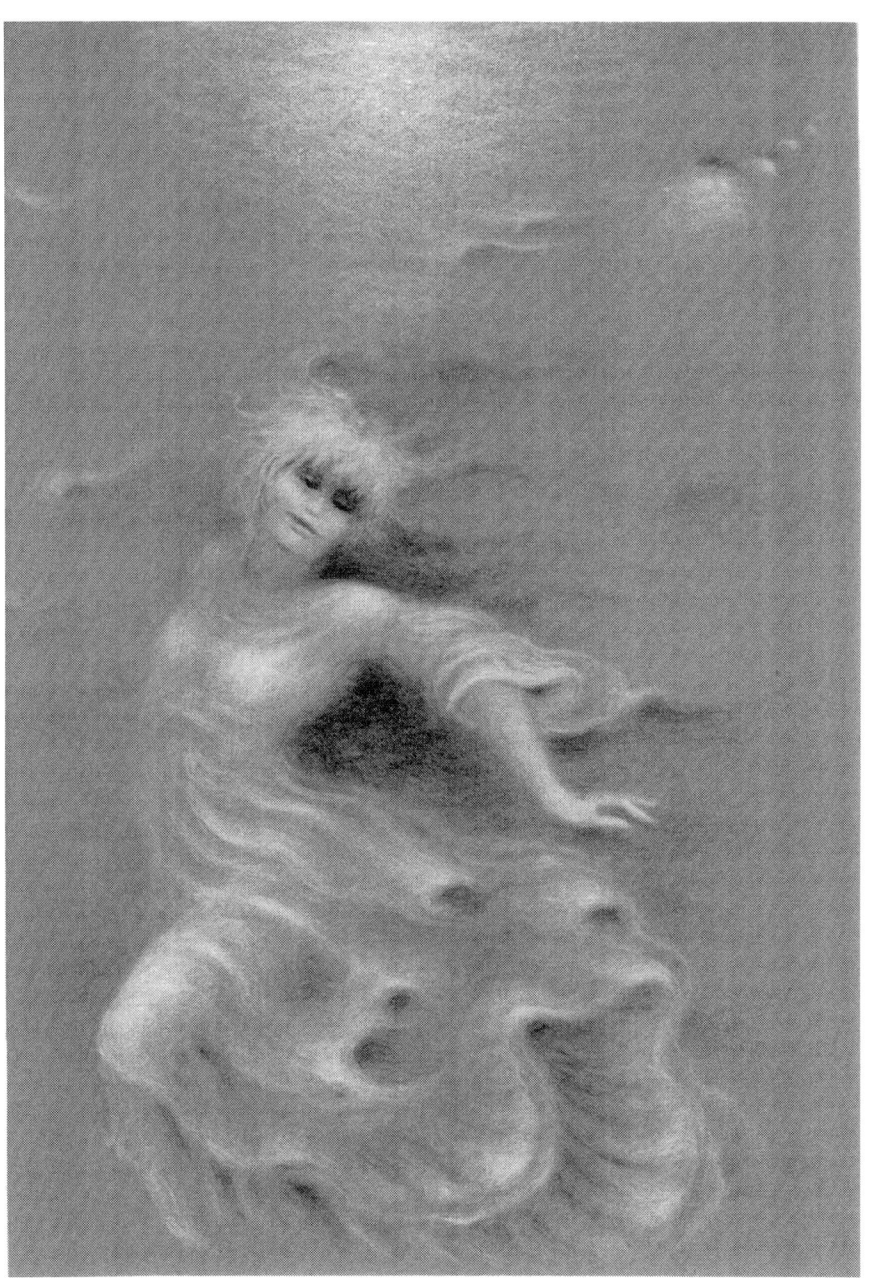

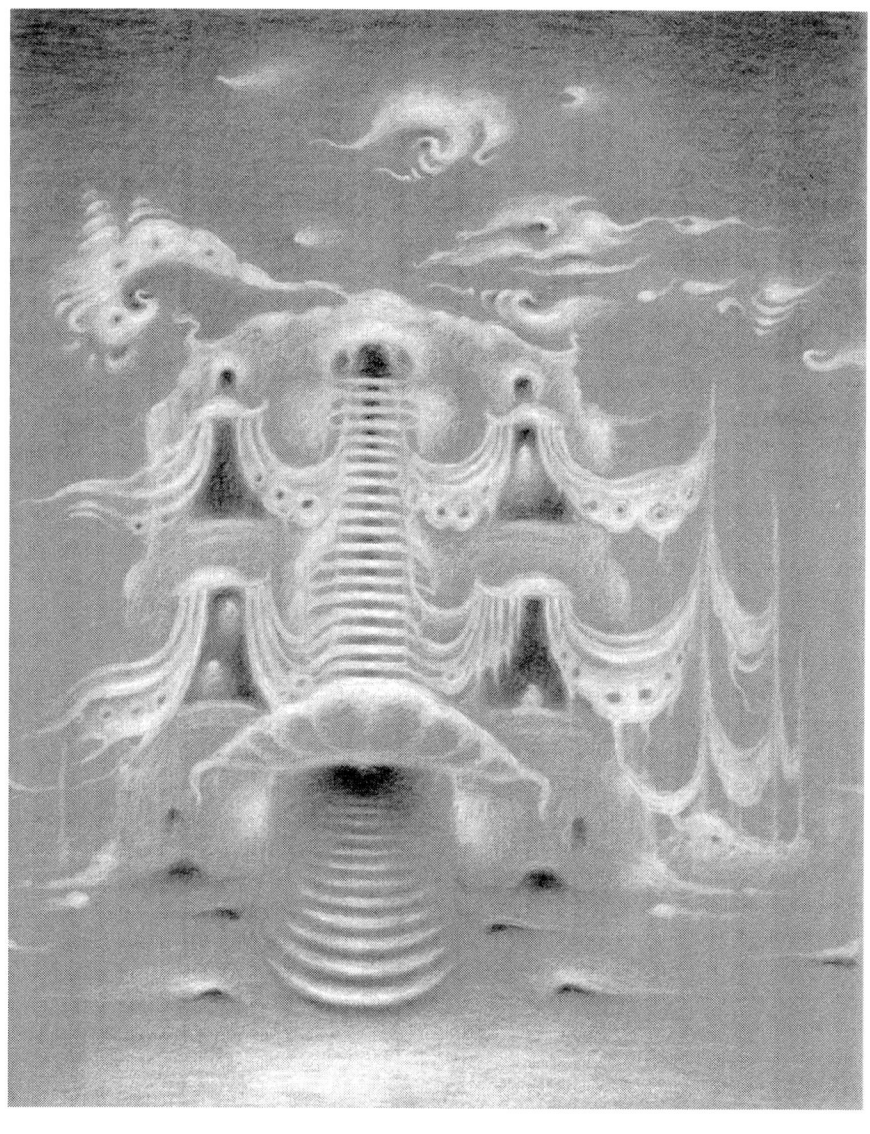

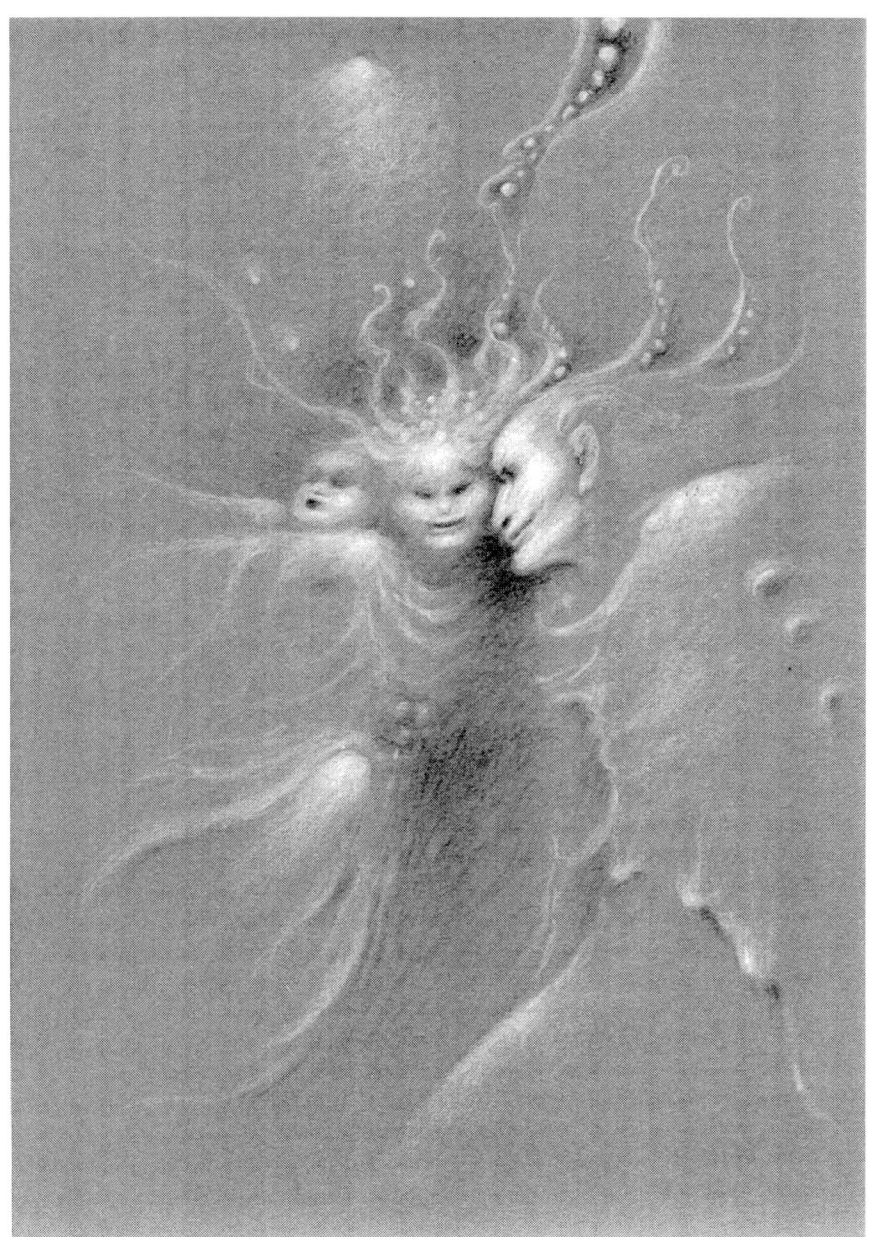

Radierungen

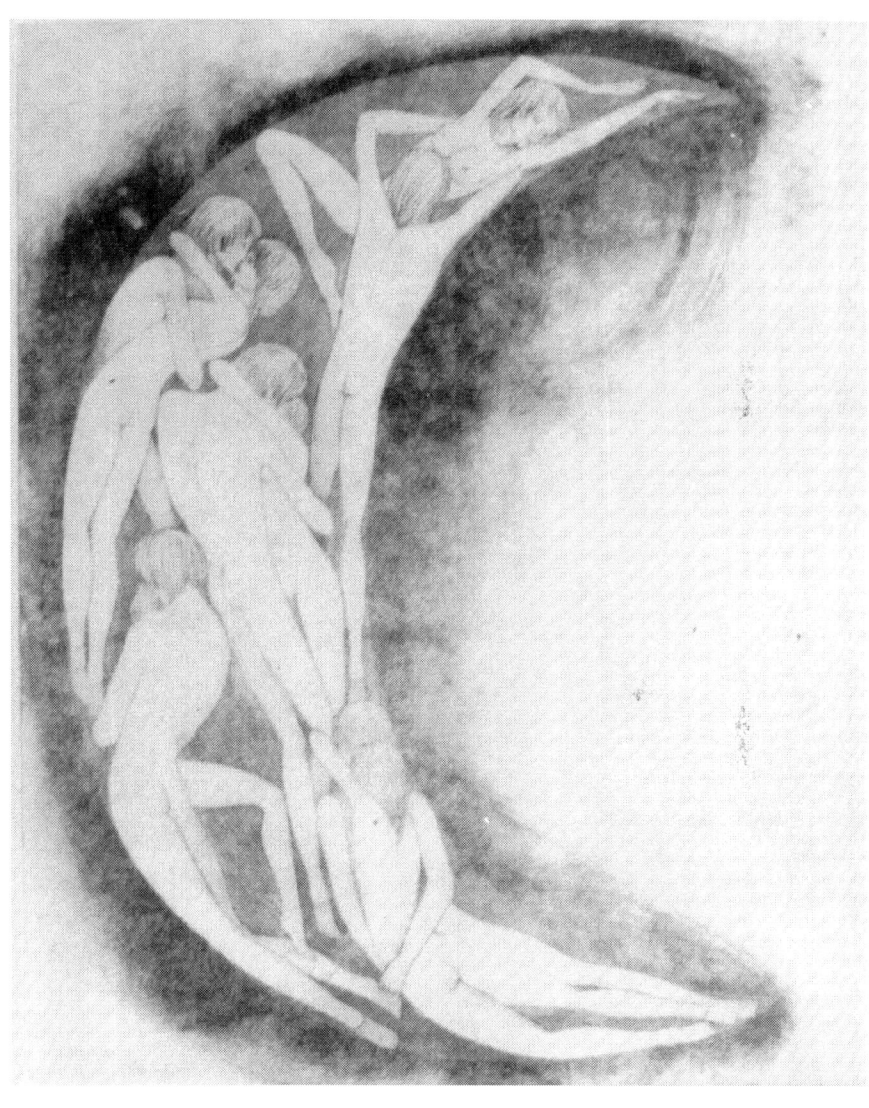

Oelbilder

Irene H.37

Irene M. 9?

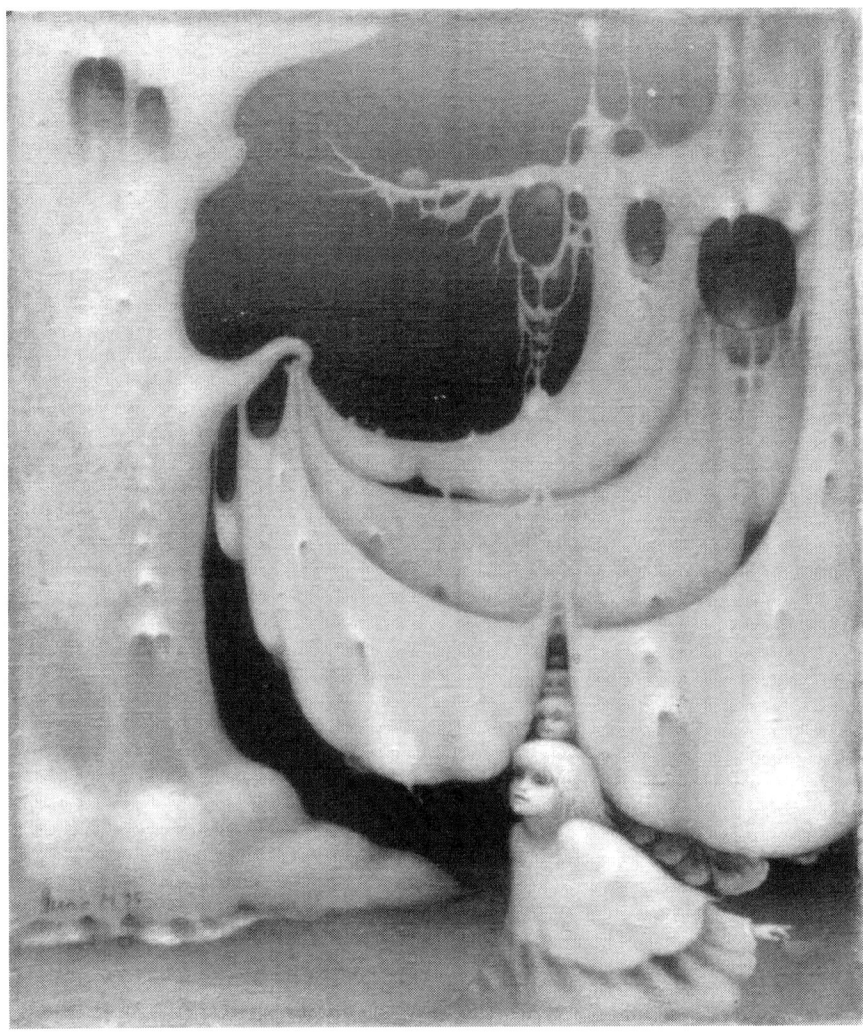

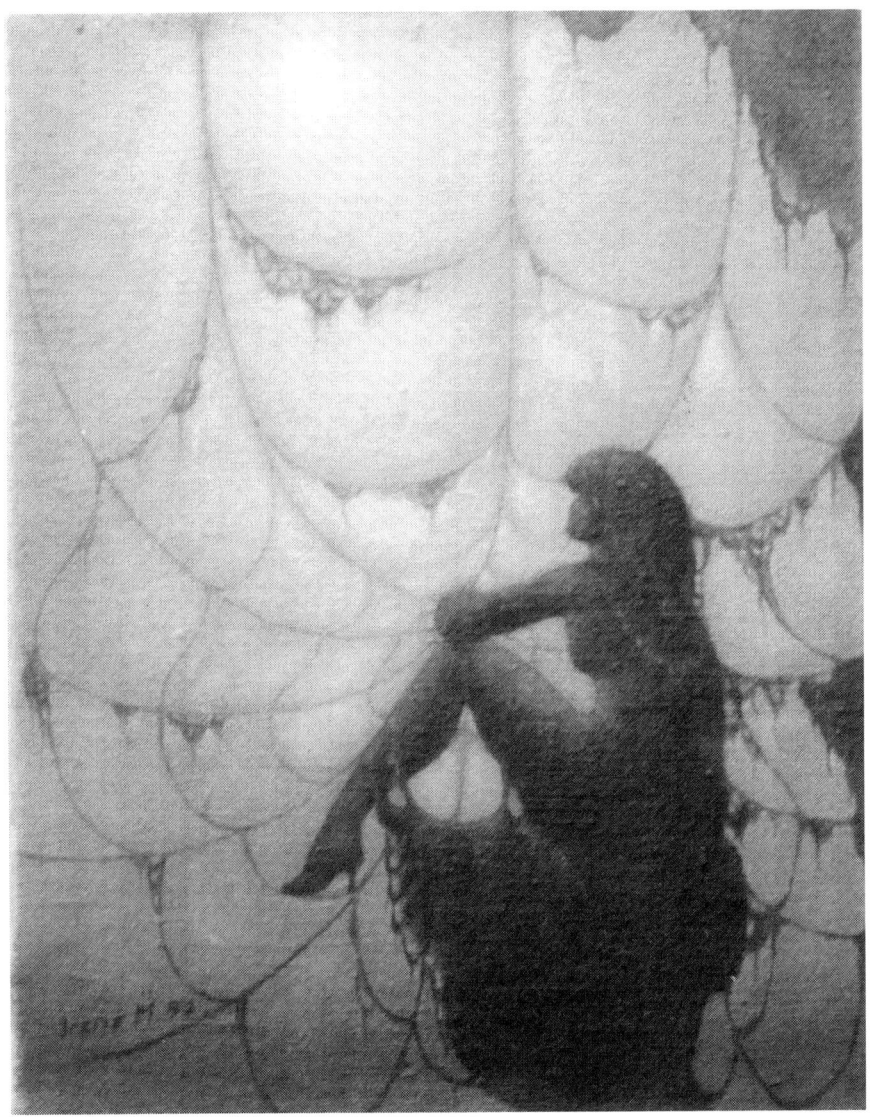

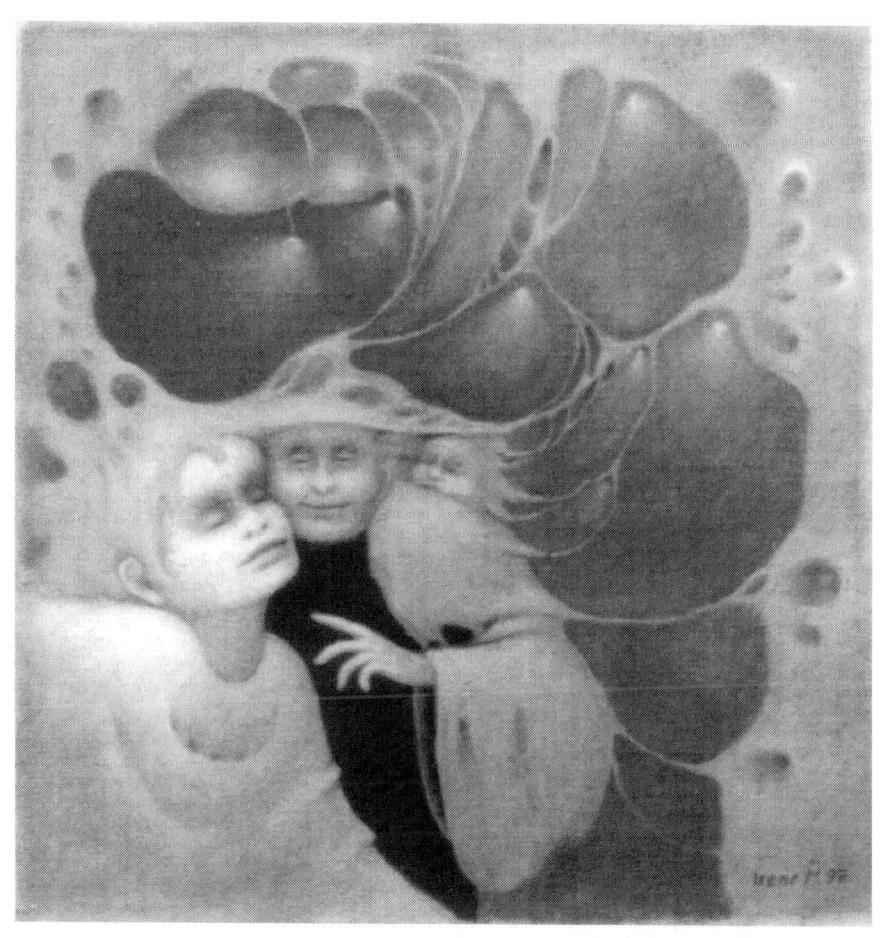

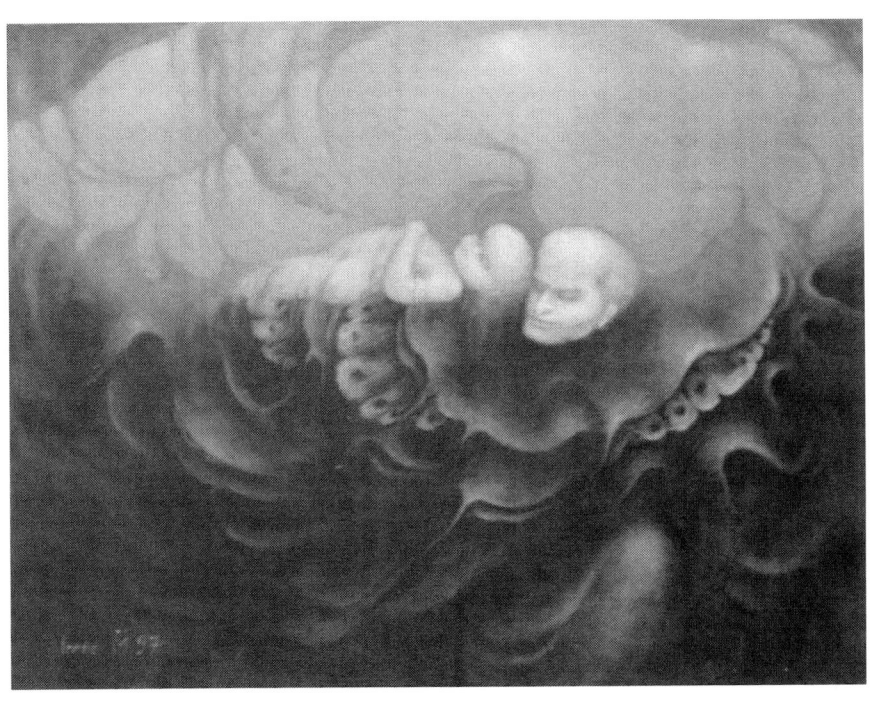

Theaterplakate und Bühnenbilder

LE BALLET ROYAL DE WALLONIE

PRÉSENTE

giselle

Chorégraphie : JOSÉ PARES

Décors et costumes : MIGUEL NAVARRO

Musique : ADOLPHE ADAM

Der Nußknacker
von Peter I. Tschaikowsky
Choreographie Joseph Lazzini
Ballet Royal de Wallonie
im
Theater Gütersloh
Ab 26. Dezember 1978

**Theater
Gütersloh
Ab 2. März**

Hoffmanns Erzählungen

Phantastische Oper von Jacques Offenbach

Irene H.81

Giuseppe Verdi · Giovanna D'Arco
Oper nach Schillers Schauspiel »Die Jungfrau von Orleans«
Ungarisches Nationaltheater Szeged
Im Theater Gütersloh

Am 31. Januar und am 3., 4., 5., 9. und 10. Februar 1992

Antonín Dvořák

Rusalka

Musikalische Leitung   Inszenierung   Ausstattung
Peter Starke   Werner-Michael Esser   Vladimir Landa

Theater Gütersloh
Ab 12. April 1980

Der
Freischütz
Romantische Oper von
Carl Maria von Weber
Musikalische Leitung: Peter Pflüger
Inszenierung: Heinz Schickel
Ausstattung: Hans Braune
Theater der Stadt Gütersloh
Ab 10. März 1978

Pietro Mascagni

Cavalleria rusticana

Ruggiero Leoncavallo

Der Bajazzo

Ungarisches Nationaltheater Szeged im Theater Gütersloh

Musikalische Leitung Geza Oberfrank

Inszenierung Zoltan Horvath

Ausstattung Attila Csikos und Ilona Vagvölgyi

La Traviata

Oper von Giuseppe Verdi

Musikalische Leitung Gerhard Mandl und Herbert Finne
Inszenierung Karlheinz Komm · Ausstattung Karel Spanhak

Ab 1. Oktober 1978

Theater Gütersloh

Die Irre von Chaillot

THEATER IM KELLER

Weserstraße 211 / Ecke Friedelstraße beim Hermannplatz, Berlin-Neukölln

Telefon 623 14 52

Hoppla,
die Damen sind Herren!

Travestie-Show
– spritzig, frech, amüsant

THEATER IM KELLER

Weserstraße 211 / Ecke Friedelstraße beim Hermannplatz, Berlin-Neukölln

Telefon 623 14 52

Rendezvous Berlin

Die Travestie-Revue

Freitag, Samstag 20.00 Uhr

THEATER IM KELLER

Weserstraße 211 / Ecke Friedelstraße beim Hermannplatz, Berlin-Neukölln

Telefon 623 14 52

Traumland
Operette

Freitag, Samstag, Sonntag 20.00 Uhr

THEATER IM KELLER

Weserstraße 211 / Ecke Friedelstraße beim Hermannplatz, Berlin-Neukölln

Telefon 623 14 52

Berliner Gipfel

Die volkstümliche Travestie-Revue

Freitag, Samstag 20.00 Uhr

THEATER IM KELLER

Weserstraße 211 / Ecke Friedelstraße beim Hermannplatz, Berlin-Neukölln

Telefon 623 14 52

Ein Keller
voller Narren!

Show-Produktion: Michael Brenncke

Freitag, Samstag, Sonntag 20.00 Uhr

Berliner Nächte

Königinnen

der Nacht

Plastiken

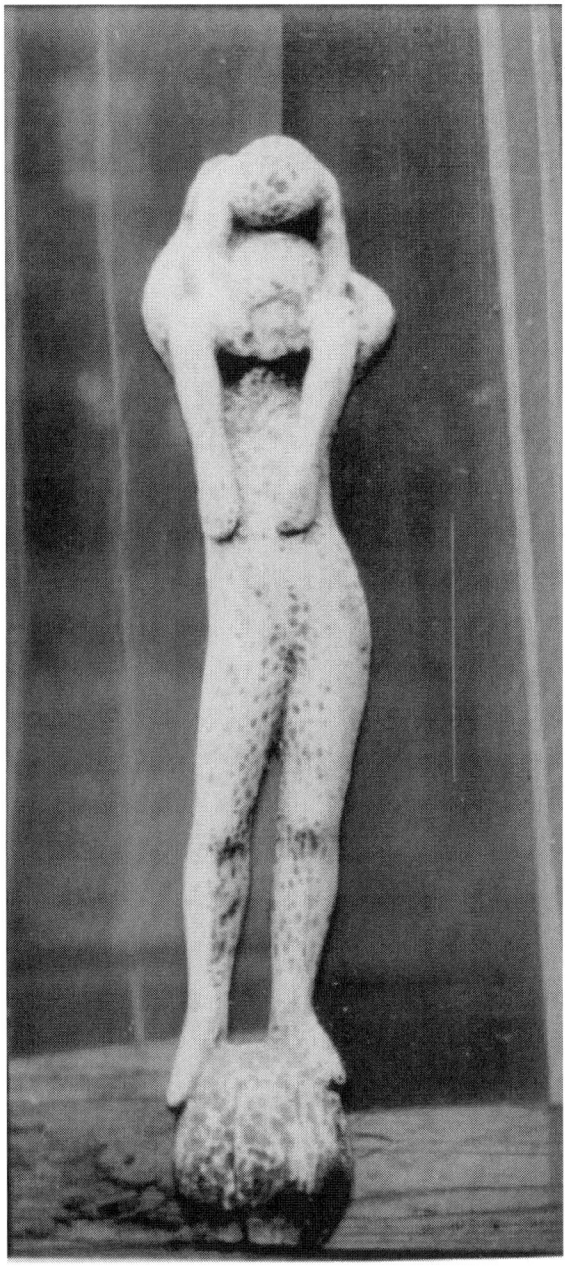

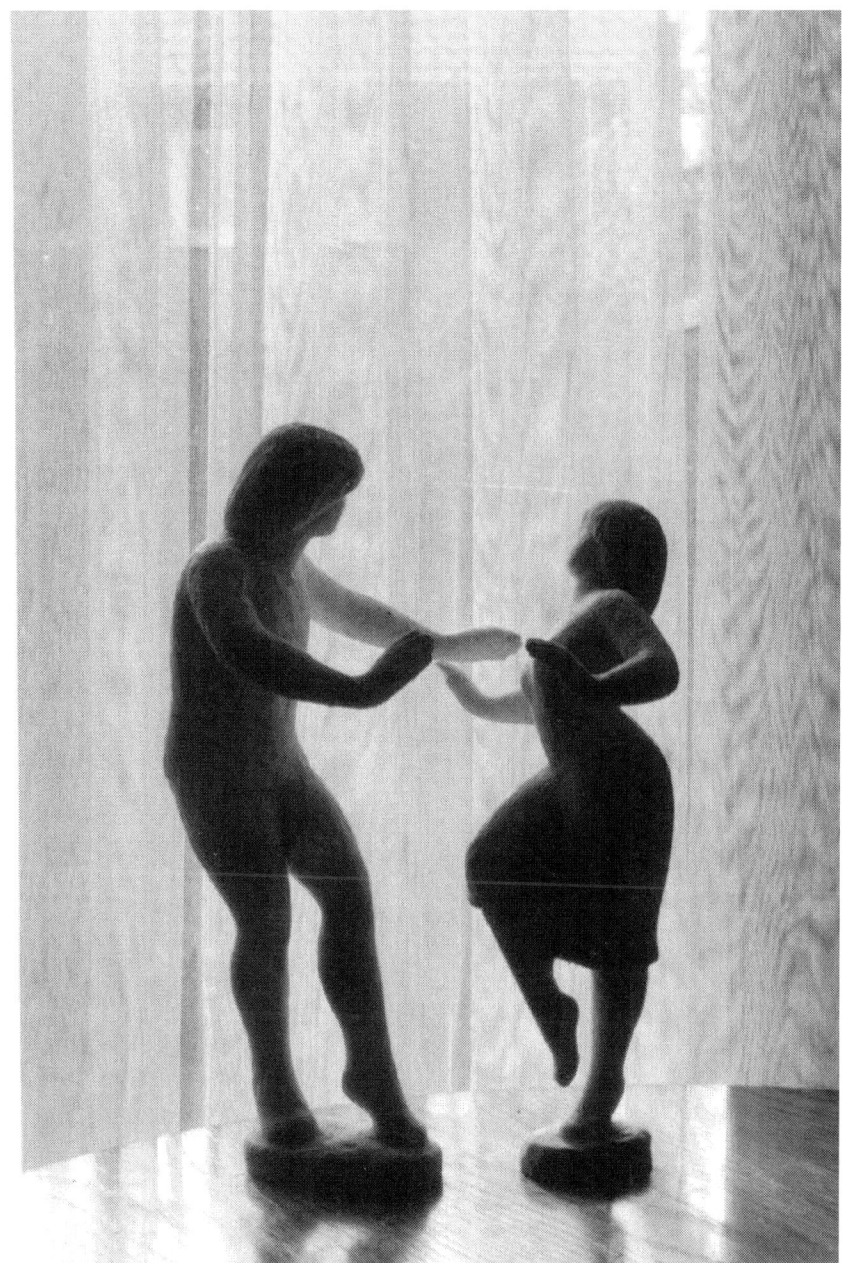

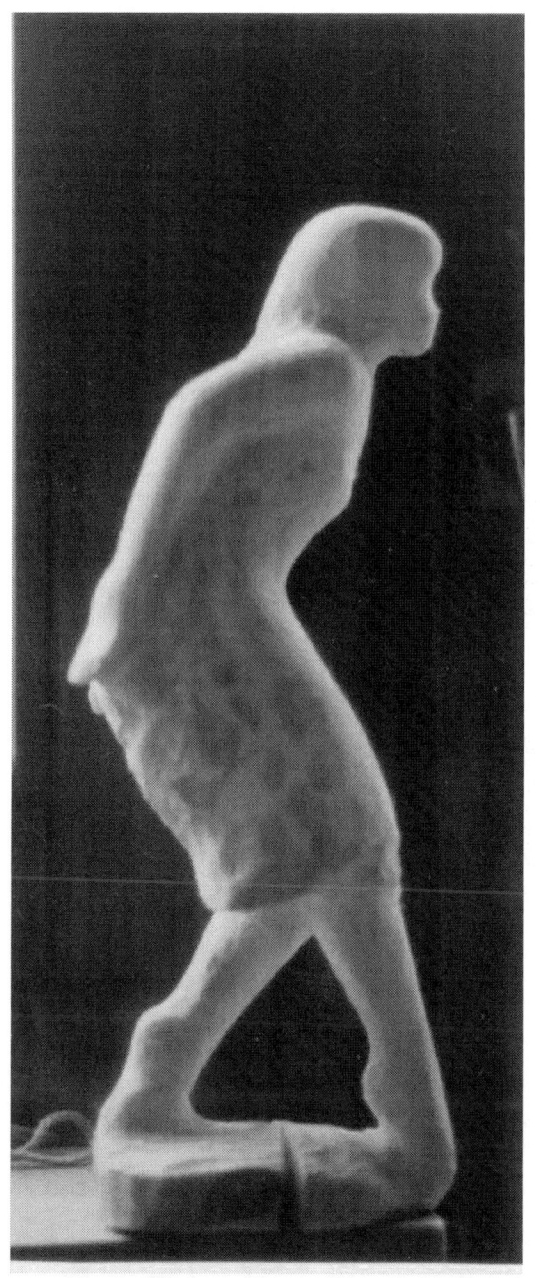

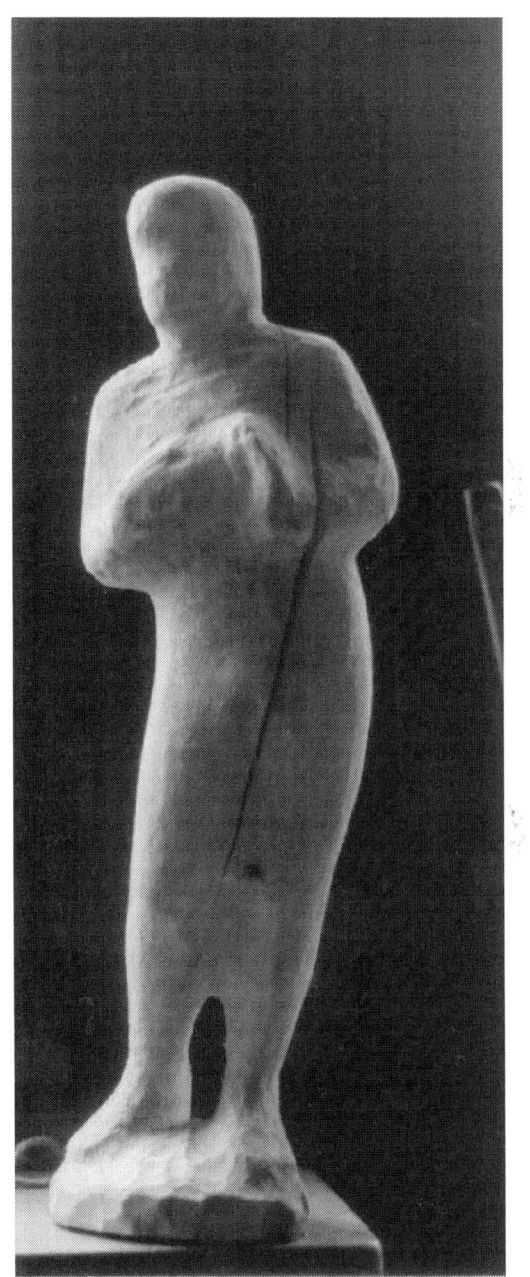

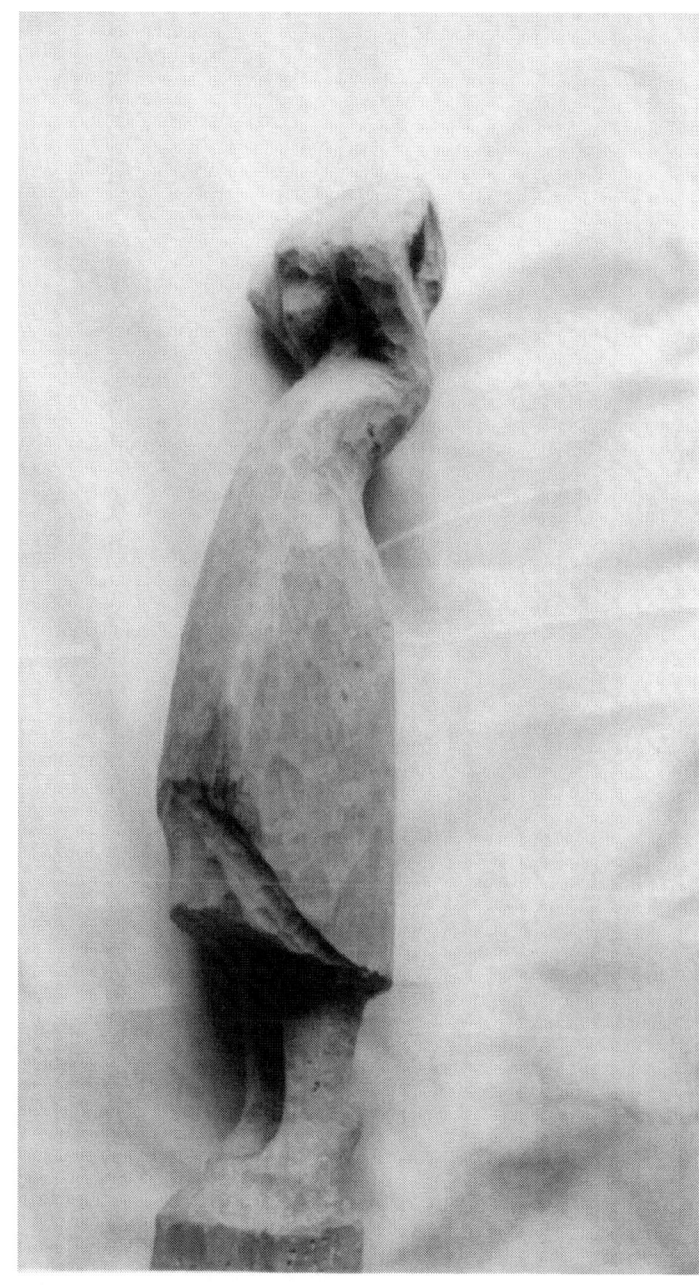

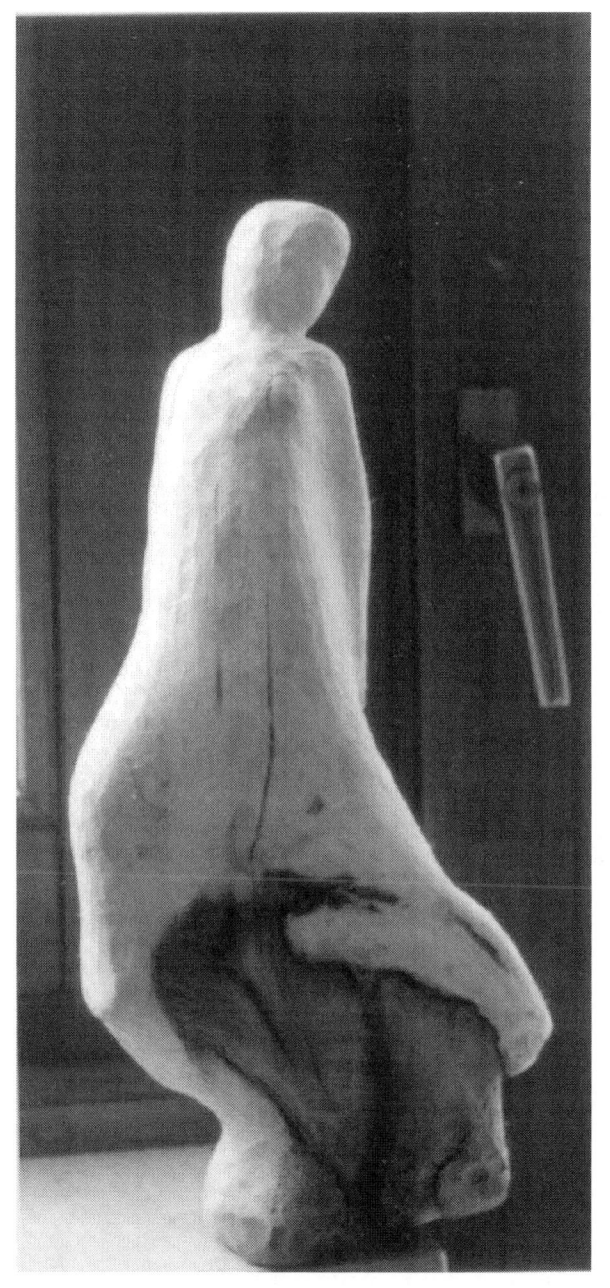

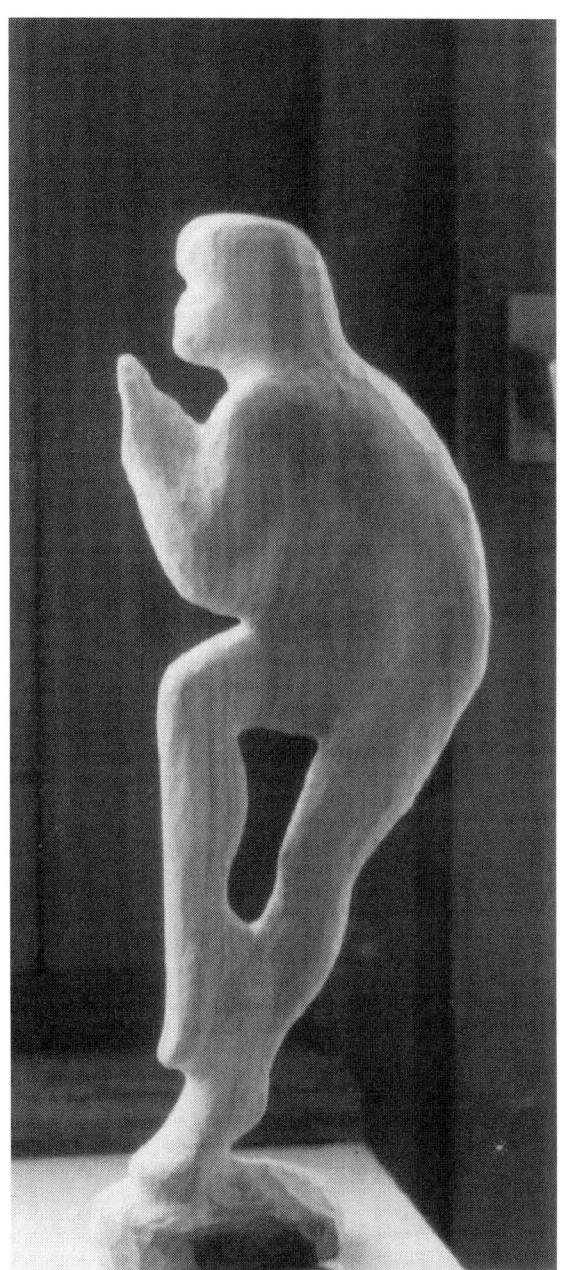

Tanzfotos

Fotomontagen

In anderer Umgebung scheint fast alles
neue Bedeutungen und Dimensionen zu
bekommen.

Des Großvaters Taschenuhr

Werner Gundlach: sein Bauch
bemalt und mit Federn und Schmuck dekoriert

Fünfmal Michael Brenncke

Bücher von Irene Müller
im Haag + Herchen Verlag:

Eine Wühlmaus

Erinnerungen
aus einem Pflegeheim in Prosa und Versen

Gedanken-Verbindungen

Ich im Vergleich mit Anderen

Kleine Fantasien

Schöne Ansichten

Streiflichter

HAAG + HERCHEN Verlag GmbH
Fichardstraße 30 · D-60322 Frankfurt am Main
Telefon (069) 550911-13
Telefax (069) 552601 und (069) 554922

Bücher von Irene Müller
im Haag + Herchen Verlag:

Irene Müller und Michael Brenncke

TRAVESTIE

Eine buntgemischte und informative Travestieshow
in Buchform, lassen Sie sich überraschen.

HAAG + HERCHEN Verlag GmbH
Fichardstraße 30 · D-60322 Frankfurt am Main
Telefon (069) 550911-13
Telefax (069) 552601 und (069) 554922